김희례 시집

파
카
만
년
필
51

아버지께서
그토록 노심초사 하시던 제가
오늘 날에도
살아 있음에 감사드리며
제게 주신 사랑을 어루만지고 있습니다.

차
례

1부

11 · 아버지
15 · 만두
18 · 맏사위
21 · 동무생각
26 · 쇠거머리의 공포
29 · 우리 형님
34 · 외할머니 생각
36 · 어머니
38 · 내 친구 루시아 1
40 · 되련님들 팬티 세 벌
42 · 이팝꽃
44 · 장마
48 · 호랑이 할머니
50 · 잠동무 1
52 · 1989년 6월 8일

2부

- 57 · 대모님
- 59 · 안드레아 1
- 62 · 어머니의 말씀
- 63 · 멸치를 볶는다
- 65 · 깨망초 꽃
- 67 · 그리움
- 68 · 붕어 회상
- 70 · 설
- 71 · 나리꽃
- 73 · 어느 봄날
- 75 · 고향의 옛집
- 77 · 잠동무 2
- 79 · 2009년 9월 26일

3부

- 83 · 민다래끼
- 85 · 큰애에게
- 87 · 선산에 다녀오다
- 90 · 5월
- 92 · 친구 실비아
- 94 · 달동네
- 99 · 외할머니

104 • 나 혼자 밥을 먹는다
107 • 생일
109 • 막내와의 이별 이야기
112 • 분꽃
115 • 울 엄니
119 • 달개비 꽃
120 • 목련 1
121 • 큰 되련님

4부

125 • 안드레아 2
128 • 기일에
132 • 백일홍
133 • 막내딸
135 • 그를 만나러 가다
136 • 별이 꽃이 되다
138 • 화장터에서
142 • 관음죽
144 • 행복
146 • 정월 열나흘에……
148 • 아버지가 주신 파카 만년필 51
151 • 씀바귀 김치
153 • 목련 2
157 • 꽃다발

5부

159 • 막내에게서
160 • 추석날 아침에
162 • 교통사고
164 • 어머님 기일
167 • 내 친구 루시아 2
170 • 玉果에서 1
172 • 玉果에서 2
174 • 장보기
177 • 건망증
180 • 할머니의 임종
182 • 2016년 4월 28일
183 • 동생과 나

186 • 팔순누나의 시집 발간을 축하하면서 _김희군
188 • 할머니 시를 읽고 _오세민
190 • 할머니 글쓰기를 응원하며 _오나래

1부

아버지

중심사 대웅전을 등 뒤로 하고
엷은 밤색 차림의 아버지가
돌계단에 서 계셨다

갑자기 돌아가신
어머니를 그곳에 모셔놓고
숨겨놓은 여자처럼
우리 몰래 보러 다니신
아버지

증명사진 속
검은 양복차림의 아버지는
젊은 청년의 모습이었다

어머니
흰 저고리 앞섶에 달린
매듭단추와
숱 적은 머리 앞가르마
그 모습이

왠지 누님 같아 보여
혼자서 소리 내어 웃었다

우리 아버지가
어머니가
맞다

내가 중2때
욱이 오라버니가 던진
신기료장수들이나 쓰는
칼에 맞아
뒷골이 깨져 죽을 뻔하였다

칼이 박힌 채인 나를 등에 들쳐 업고 살아야 한다며
순이 언니네 단감나무 밭을 달리신 아버지
죽을지도 모른다는 나를 엎어 놓고
무릎 꿇고 앉아 비는 욱이 오라버니
판검사가 꿈이라는 그의 꿈을
차마 꺾을 수 없어

소년원에 보내지 못하시고
용서하신 아버지

그는 훗날 법대를 지원하지 않고 늠름한
공군사관 생도가 되었다

아버지는
네가 살아야 욱이도 살고
내 소망도 이루어진다 하셨다

어머니에게
갖은 욕 다 먹어가면서도
아버지는 깊은 밤에 아무도 모르게 건너오셔서
괜찮을 거야, 괜찮을 거야 하시던 음성이
지금도 내 가슴속에서 살아
숨 쉰다

다 낡고 퇴색된 사진 세 장을 오래 간직하고자
사진관에 가서 재생 복원하려니

이삼십만 원 든다 했다

하마터면 죽을 뻔한 나를
당신들 맘에 들지 않은
행동을 한다 해도
저만치 비켜서라는
말씀 한 마디 없으셨던 아버지

서양말도 알아듣지 못하는 내게
바람과 함께 사라지다 영화 구경도 시켜주시고
쉬는 시간에 메밀국수도 사 주시고

나는 아버지와 있었던 일들을
평생 추억으로 애기할 것이다

결혼하니
남편도 아버지를 닮아
술 담배도 안하고
그 사람과 애를 들쳐 업고
서부영화를 보러 다녔다

만두

큰 되련님이 군 입대 후 1년 만에
휴가를 나왔다

겨울이었다
벗어 놓은 속옷을 보고
소름이 돋았다

두꺼운 내복에는 이가 백절 치듯 많았다
솔기에는 소캐가 다닥다닥 박혀 있었다

밥을 먹으며 살로나 갔을까?
아니다 몸집이 좋아져 왔다

반찬이 없으면 입을 쪽쪽거리며
토끼 밥 먹듯 하다가도
만두를 빚어 쪄 주면
한꺼번에 삼사십 개씩 먹었다

나는 삼한 둘째를 등에서 내려 놔 보지 못하고

심지어는 잠 잘 때도 업어서 키웠다
화장실 가려고 잠시 내려놓으려면
입술까지 새파래지며 숨 넘어 갈 듯 자지러지게 울었다
그런 애를 들쳐 업고도
되련님들이 좋아하는 만두를 자주 빚었다
맛있게 잘들 먹으니 힘든 줄도 몰랐다

주전자 뚜껑을 돌려서 빚은 만두피는 크기도 했다
그이나 되련님들은 만두만 해주면
행복해 했다
사형제가 먹는 모습을 바라보며
덩달아 행복했다

그런 되련님 내복을 보고
살이 쪄서 온 것이 신기했다

그때는 군인은 사람이 아닌 줄로 알았다
얼마나 가려웠을까

일요일이면 계곡에 내려가
속옷을 빨아 돌팍 위에 널어 말려 입고
DDT도 뿌리곤 하였단다

나는 온몸이 움찔거려
손으로 빨 수도 없어
연탄아궁이에 커다란 양은 들통을 올려놓고
물과 양잿물 비누를 함께 넣고 펄펄 끓은 연에
내복을 넣고 뒤적이면서 삶아 빨았다

모골이 송연해지도록 이가 둥둥 떠오르면
쇠조리로 건져내면서 삶았다
불쌍하고 한없이 측은지심이 들었다
눈물이 났다

만두나 많이 빚어
군만두 찐만두 실컷 해 먹여야지

맏사위

우렁이 각시 같은 사위가 있다

토요일
미사참례하고 오면
부자가 앞 뒤 문을 활짝 열고
대청소를 하고 있다

나는 그 사람이 떠나고
유방암으로 왼쪽 가슴을 절제하고
그 사람 간병할 때
빠진 어깨 탈골 수술을 받은 후로는
늘 통증에 시달린다

말하지 않아도 헤아려 아는
그 마음 씀씀이가
고맙기도 하지만 미안하여
'어제 내가 청소를 하였네,
안 해도 되네,
힘들어'

해도 굳이 한다

이제 키도 훌쩍 크고
미끈하게 잘 생긴 손자 놈은
침대 이부자리를
복도에 들고 나가
탁탁 소리가 나도록 턴다

서른 살 손자 놈의
엉덩이를 토닥이며 기특하여
'아이구 내 강아지 내 강아지' 하면
손자놈은 철조망에 턱을 괴고 피어 있는
빨간 장미처럼 활짝 웃는다

손자 놈은 솜사탕처럼 부드럽고 달달하다

내가 없어도
가끔씩 집을 휘 둘러보고 간다

어제는
화장실 형광등을
갈아주고 갔다

이제 그의 나이도 육십 셋이다
별로 말이 없는
우렁이 각시 같은 사위

스물일곱의
멋진 청년의 모습
그대로다

동무생각

화단에
붉은 감나무를
바라보며 소학교 때
반 동무 생각이 났다

최공순
내 동무 이름이다

공순이는
늘 외톨이고
공순이라는 이름 때문에
남자 애들에게
놀림감이었다

78명 우리 반 애들이
짝꿍은커녕
옆에 오는 것도 싫어했다

공순이가

짠하고 불쌍했다

누런 코를 흘리고
머리는 통 감지 않아
짚수세미 같고
꼬질한 옷에서는
냄새가 나고 이도 많아
선생님은 교실 밖 복도에서
디디티를 뿌려 주시곤 했다

내가 그 애 짝을 자진했다.
우리는 교실 뒷문께 앉았다.

6학년 이맘때
공순이 집에 따라갔다
조선대학 모퉁이를 돌아가니
움막집이 있었다.
공순이가
거적때기 문을 들치고

'들어와' 하며
내 손을 잡아끌었다.

그때
거적문 앞에
키 작은 감나무 한그루가
황금빛으로 빛나고 있었다

바닥에 깔려 있는
솜 이부자리 한켠에는
흰 사기요강
흩어져 있는 막걸리 술병들
밤에 거의 혼자 잔다고 했다.

엄마가 집을 나간 지
언젠지도 모른단다.

동무 얘기를 들은
엄니는

가끔 집으로 데려 오라고 해
같이 밥도 먹게 하고
옷도 빨아 주고
머리도 감겨주는가 하면
참빗질하여 이를
잡아 주시기도 했다.

더러는 도시락도
두 개씩 싸 주기도 했다

엄니는 공순이에게
아무 말도 묻지 않으셨다

졸업하고
우리는 헤어졌다
어디로 갔는지
아는 사람이 없었다

이 나이에도

내 머리 속에서
떠나지 않는
보고 싶은 동무다

쇠거머리의 공포

외할머니는
땅콩 밭에서 김을 매셨다

나는
뚝 아래 강가에서
벌거벗고 물놀이를 하고 있었다
웅덩이엔 작고
예쁜 피래미들과
송사리 소금 장수들도 있었다

나는 검정 고무신을 들고
그것들을 잡으려고
첨벙거리며 수초도 발로
헤치며 쫓아다녔다

그때 그 강변에서
내가 본 것 중에 가장 무서운 것을
보았다

등에 흰줄이 있는
쇠거머리

내 허벅지
다리에 붙어 있는 퉁퉁한
흰 줄의 쇠거머리

앙앙 소리 지르며
뜨거운 모래밭에서
뒹굴며 울었다

할머니께서 강뚝을 미끄러지듯
다급히 내려오셔
나를 안고
'왜?, 왜?'
나는 바둥거리며
손가락으로 가리켰다

할머니는

'어디 어디' 하시더니
'요놈의 새끼가
내 새끼 피를 다
빨아 묵고 있었당가'
할머니는 거머리를 툭 떼어서
저만치 내동댕이쳐 버리시고
내 눈물을 닦아 주시며 치마폭으로
감싸 안으셨다

'얼매나 빨아 묵었는가
뚱뚱해 움직이지도 못한 당가'

나는 할머니 등에 업혀
잠들었던 것 같다

지금의 나는
미나리는 먹지 않는다

우리 형님

점심에
국수 한 줌 삶아
묵은지를 가위로 숭덩숭덩 썰어
참기름만 넣고
비볐는데도 맛이
꽤 괜찮다

새색시 때의 일이 생각났다
막내 되련님이
일요일이어서 식구들도 다 있는데
'형수님 우리 김치 넣고 비빔국수 해 먹어요' 했다
'나 비빔국수 할 줄 모르는데요 되련님……'
'어렵지 않아요 쉬워요 내가 가르쳐 줄게요'
'물 끓이다가 국수 넣고 끓어오르면
건져 찬물에 헹궈
김치 썰어 넣고 비비기만하면 되요'

이제 겨우 밥 하는 거 배워
삼층밥 하는 것도 면했는데 되련님 말 들으니

국수는 쉬울 것 같았다

혼자 속으로
'중학교 2학년 막내 되련님만도 못하구나'

되련님이 아궁이에
보릿대를 넣고 불을 지폈다
바싹 마른 보릿대는
파닥파닥 톡톡
소리 내며 타 들어가고 가마솥에 물도
이내 끓기 시작했다

되련님이
'형수님 국수 넣고 솥뚜껑 덮으세요'
되련님은 보릿대를 더 가져다
아궁이에 넣었다
얼마 후 솥뚜껑을 열어 보니 국수가
빡빡하고 탄내도
나는 듯 해 놀라

부엌을 뛰쳐나가
윗동네 큰 형님네로 달려가
마당에서 마침 빨래를 널고 계시는 형님께
흑흑 울면서
'있잖아요 ······. 있잖아요······.'
말은 못하고 울기만하는 나를
앞세우고 오셔서
부엌으로 들어가
솥뚜껑을 열어 보시더니
'애들이 국수 해 달라고 했어?
그런데 물이 적고 국수는 많았구나!'
물 한 바가지 더 붓고
아궁이에 불을 다시 지피시고
한 김 오르니 드디어 국수를 자배기에 건져
찬물에 헹궈 냈다

더러는 풀어지고
뭉치고 팅팅 붇기도 했다

형님은 핀잔도 면박도 화도 내지 않으시고
김치를 송송 썰어 넣고
고춧가루. 파, 마늘 참기름 양념하여
한 대접 담아 먼저
상청 아버님 앞에 올리고
'아버님 애기가 한 비빔국수 올립니다
드셔 보셔요'
그리고 등 뒤에서
훌쩍이는 나를 돌아보시고 어깨를 토닥이시며
'괜찮아 애기가 해서 맛있다고 하시는데?'
마루에 둥글상을 펴고
형님께서 식구들 앞에
한 대접씩 가져다 놓으시며
'먹어들 봐 얼마나 맛있는데
니들 이쁜 형수가 있어
세상에도 없는 국수 먹는 거야'
아무도 불평하는 사람 없이 모두 다 먹었다

나도 형님과 부엌 부뚜막에 앉아 먹었다

형님 솜씨가 일품이셨다
형님께서 국수 삶는 법에 대하여
조근조근 가르쳐 주셨다
국수 삶을 때마다
그때를 생각 한다

형님이 내 어머니 같으셨다

외할머니 생각

'할머니!'
'쌈장에서 김치 썩은 냄새가 나는디?'
'자꾸 먹으니께 맛있는디?'
처음 생된장 맛보고 한 말이다

나는 된장에 고추를 찍어 먹는 것을
그것도 파란 고추보다 붉게 익기 전
검붉은 고추를 좋아 했다
그 맛은 매콤하면서도 달짝지근했다

할머니는 손가락을 쭉쭉 빨며
텃밭에서 자란 상추쌈도 한 볼테기씩 입에 넣어주며
'맛있냐?'
'응 맛있는디!'
고추도 한 입 빗물어
된장을 쿡 찍어 입에 넣어 주시기도 했다
학교 다녀온 내게
'시장타 얼른 묵어라'
하시던 한 칠십년 전의

할머니의 음성은 들리는데
얼굴은 확연히 떠오르지 않는다

지금은
그 매운 고추 대신 밥 먹을 때
과일을 생된장에 찍어 먹는다

어머니

정월 초이튿날 가신
어머니는
따로 기제사 상을 받은 적이 없다

그날 칠성판에 누워 있는
어머니는
본디 풍채도 좋았지만
얼굴이 복사꽃처럼 고왔다
금방이라도 일어나서
'너 왔냐?' 반기실 듯하여
차마 소리 내 울 수조차 없었다

달동네에서 살던
어느 해 겨울
어머니가 처음 다녀가셨다

나의 가난은 빈 쌀독과
움푹 들어간 부엌 한켠에
새끼줄에 꿰어 있는 연탄 두 장

부엌문에 기대 놓은 물지게와 물통

아무 말씀이 없으신 어머니는
밤새 뒤척이고
속이 불편하다며 뒷간을 다니시더니
이른 아침에 일어나셔서
'니 어메가 미안하다 없는 집에 시집보내서'
내 얼굴을 감싸 쥐고 들여다보시며
어깨도 토닥거려 주고
'부디 아프지 말거라'

그 사람을 따라
꾸불텅꾸불텅 달동네 골목길
담벼락을 짚으며 내려가셨다

저녁에 경대 서랍을 열어보니
쌀 한가마니 값이 들어 있었다
나는 방바닥에 주저앉아
엉엉 소리 내어 울었다

내 친구 루시아 1

미사 후
'우리 집에 가자'
살며시 내 손을 잡았다
'그래 좋아'

친구는 집에 도착해
'머리가 세서 더 힘이 없어 보여 염색하자
진즉 했어야 되는데'
염색할 때 입는 옷을 가져와
갈아입으라 했다

'머릿속이 너무 근질거려
염색 그만하고 모자 쓰고 다닐까봐'
'그래, 마음대로 해
머릿속이 근질거리는 것은 흰머리가 나서 그래
염색해! 염색 안하기엔 아직 우리 나이가 있잖아'
어린애 타이르듯 말한다

그럼 나는 엄니나 언니

말을 잘 듣는 아이처럼

윗도리를 훌렁 벗고 바지도 갈아입고
하기사 그녀 앞에서 가릴 게 없다
머리에 염색약을 바르고 감겨 주기까지 한다

귓불, 이마, 뒷목,
가슴팍까지 뽀독뽀독 소리가 나도록 문질러 닦는다

나는 친구의 그런
손길에서 울엄니의 향기를 느낀다

'그만해 엄니 생각 나 눈물 나려고 해'
'당신은 정이 많아 그래 나는 눈물 같은 거 안나'

그 사람 떠나고 막내사위가 세 번

그리고 내 친구 루시아가 주욱
내 머리 염색을 해주었다

되련님들 팬티 세 벌

그런 일 있었지

연탄아궁이에
나일론 줄을 새끼줄 꼬듯 꼬아 매고

식구들 다 잠든 뒤에
속옷을 빨아 널었다

헤진 사타구니를 몰래 기운
되련님들 팬티가
내 속옷일 줄은
아무도 몰랐지

되련님들 새 팬티를 사서
맹물에 푹푹 삶아
마당 빨래 줄에
반듯하게 손질해 널면

햇발은 내 마음인 듯

좋아라
널뛰며 춤을 추었다

이팝꽃

향촌 마을 앞
도로변에
이팝꽃이 피었다

작년보다 한 열흘쯤
일찍 폈나?

흰 꽃잎
기름한 네 잎 모여 송이송이
이팝꽃은
비누거품 같다

인간의 머리카락
백억 분의 일쯤
육안으로는 보이지 않는 미생물
왕관의 모습을 닮았다 하여
코로나 바이러스 19라고 한단다

전파력이 무섭단다

손을 씻고 또 씻는다
이팝꽃 닮은 비누
거품으로

장마

며칠씩 비가 내렸다

배가 만삭인 엄니가
베개에 배를 대고 엎디어
방문을 열으셨다

빗물에 불어
문이 삐끄덕 소리 내며 열렸다
빗물은 방문턱까지 찰랑거렸다

비는 며칠을
내리다 멎고
내리다 멎고
지난밤엔 밤새
번개와 세찬 바람과
뇌성이 방문을
때리고 흔들기도 했다

굵은 빗소리가

마당에서 달음박질치기도 했다
대문 앞에는 닭들이 꼬꼬댁거리며 퍼덕이고
돼지 두 마리가 꿀꿀대고
장독 항아리들과
함께 사립문께로 나래비 서 있었다

마당 끝 감나무에서 이제
막 붉기 시작한 감이 떨어져 둥둥
떠 다녔다
마당 텃밭에
얼가리 배추, 열무, 가지나무들이
누군가의 회초리에 맞은 듯 한 모습으로 흩어져
쓰러지고 자빠져 있었다

입이 까맣도록 따 먹던 까마중이
빗물에 쓸려 간 것이
제일 아까웠다

물이 다 빠지니

마당에는 미꾸라지가 꾸물대고
떨어진 감도 줍고
노망(치매) 들린 할머니께서
안방 봉창 문을 열고
가래 낀 목소리로 밥 달라고
소리소리 지르셨다

어린 맘에도
할머니께 욕먹고
머리끄덩이질도 당하고
매여 사는 엄니가 불쌍하고 애잔했다

엄니와 나는
할머니의 서답부터 갈아드렸다

냇가에서
엄니는 똥덩어리를 털어 내고
방망이질 해 놓으면
나는 조막손으로

흔들고 흔들어 빨았다

'물에 빠질라'

엄니가 걱정하셨지만 엄니 배가 앞으로 금세
쏟아질 것 같아 더 걱정되었다

'한 열흘쯤
비가 더 올지도 모르것는디…'

할머니 고쟁이를 방맹이질 하며
엄니가 혼자
소리로 말했다

호랑이 할머니

한 밤중
할머니께서 치간 좀 가자

방문을 열어보니 눈이 내리고
사각사각 눈 내리는
소리가 들리는 듯 했다

할머니를 부축하고
하얀 눈 위를 걸어갔다

내 발자국
할머니 발자국

할머니 발자국은 질질 끌렸다

추웠지만 할머니를
재촉하지는 않았다

중풍 들린 할머니가

넘어지실까 봐
곁에 바짝 앉아 할머니의 쪼그린
무릎을 붙잡고

할머니 다앙당 멀었어?
콧물도 나오고
발도 많이 시려왔다

눈은 계속 내리고 있었다

잠동무 1

언젠가 뜨거운 여름날

행길 건널목에서
빨간 신호등이 켜져
그 전봇대에 기대어
깜박 졸은 적이 있었다

어느 청년이 내 등을 두들기며
'파란불이예요 할머니!'
주저앉아 있는 나를 부축해 일으켜 세워
건널목을 함께 건넜다

독한 약에 취해 아무 곳에서나
아편쟁이처럼
누울 자리만 보이면 눕고 싶었다

의사 선생이
더 이상 맞춰 줄 약이 없다고 말했다

그러나
나는 지금 마리아 형님의
잠동무하러 가는 길이다

나는 내일 또 그 다음날은
좀 더 나은 나로
존재할 것이다

마당에 들어서니
등이 굽은 마리아
형님이 나를 반기셨다

1989년 6월 8일

  레지오 회합이 있었다
  지난 현충일에 머리를 자르고 오늘 성당에 나타난 나를 보고 모두들
  진즉 그렇게 하지 거짓말 조금 보태서 이십년은 젊어 보여, 정말 예뻐
  나는 몰라 봤잖아 등등
  달라진 내 헤어스타일을 극구 찬양 했다고나 할까
  쑥스럽고 어색하긴 했지만 기분 나쁘진 않았다
  유리에따 자매와 율리아 자매가 예뻐졌으니 커피를 사란다
  나는 삭발 턱을 내겠다고 했다
  긴 머리를 과감히 단발머리로 잘라
  젊어지고 이뻐졌다고 하니 삭발 턱을 어찌 아니 낼 수 있으랴
  경인각에서 점심으로 짬뽕을 사주었다
  삭발 턱이라고는 했지만 여태 집집마다 돌아다니며 점심 얻어먹은 은혜에 보답도 되겠다 생각하였다
  사람의 마음은 참으로 간사한 것이다
  내가 머리를 잘라서 젊어져야 얼마나 젊어지겠는가

마흔 일곱이라는 나이가 줄어들 리도 없겠고
흰 머리는 그냥 그대로 희끗희끗 얼굴에 주름살도 그대로인데
젊어 보인다는 말에는 기분이 나쁘지 않고
정말 젊어진 기분이 드니 말이다

오늘 같이
비 오는 날에는
나 들꽃이고 싶다

누구를 향해 손 흔드느냐
단발머리의 하얀 얼굴

초록이여!
초록의 빗물이여!
내 젊은 날의 향수여!

비 오는 날
나는 들꽃이고 싶다

2부

대모님

충남 아산
공세리 성당에서 뵌
구순의 대모님

내가 무심했던가
두 무릎 연골 수술
받으신 것은 알지만

치아도 인플란트
눈도 백내장 수술하시고
귀에 보청기를 끼시고
성경공부를 하신단다

모두 리모델링하여 살고 계신단다

지팡이 짚고
수, 목, 토, 평일 미사 참례하시고
주일 미사는 당연히 신자로서의
의무라고 하신다

치매 예방으로
밑그림 책을 사다
색칠공부를 하시는데
온갖 생물들이 살아 움직이며
뛰놀고 있는 것을 보며
하나하나 설명하시는 대모님
영혼이 아기천사 같으시다

나도 그리 나이 들어갔으면 좋겠다

지갑을 털어
만원 지폐 몇 장 드리는데
내 손과
돌아서는 내 등이 부끄럽기만 했다

안드레아 1

새벽부터
베란다 방충망에
매미 한 마리 붙어 목청껏 운다

매미와 함께 안드레아를 생각하며
연도를 바쳤다

안드레아 기일이다
그는 서른두 살에 세상을
떠난 막내 되련님이다

반찬 솜씨 없는 내 밥상을 대하면
꽈당 방문 소리가 나도록 닫아버리고
골나서 나가 버리기도 하고
좋아하는 생선 조림이나
조기 찜이 있으면 입이 벌어지며
자기 앞으로 모두 끌어다 놓았다

괜스레 골나서 나가 버리면

동네 한 바퀴를 돌아 찾아 다녔다
친구형네 이발소나
학교 운동장에서 야구놀이를 하고 있었다
'야 임마 네 형수 왔어'
맞은쪽 친구가 말했다
그는 돌아서서 빙긋이 웃으며
손도 잡고 팔짱도 끼며 따라 왔다

그러는 그가 밉지 않았다

아버님 어머님의 초하루 보름 삭망 때면
눈물이 나오지 않아 걱정하니
내 곁에 서서 침을 찍어 바르고
자기 따라서 '아이고오-아이고오' 하라 했다

나보다 여덟 살 아래인 그는
골 부리면서도 잘 따랐다
부모님 산소에 갈 때면
우리가 탄 마이크로스 버스가

하늘을 둥둥 떠가는 그림을 그렸다

그는 하얀 마이크로 버스를 타고
새벽안개 속으로
젖 떨어져 헤어진 어머니를 만나러
세상 나이 서른두 살
오늘 갔던 것이다

중 2학년 새봄에 시집 와
그는 아직도 열다섯 살 소년으로
내 안에 생생히 살아 있다

어머니의 말씀

'마음을 잘 써라
니가 좋으면 남도 다 좋으니라'
조실부모한 칠 남매의 장남에게
스물 셋의 딸을 시집보내시며 내게 이르신
어머니의 말씀이다
일은 가르치지 않으셨으면서
'육친처럼 생각하라' 당부하셨다

지금 나는 도련님들, 남편까지 다 떠나보내고
늘 혼자다

명절에도 혼자다

딸들은 시댁이 우선이다
외롭지만 어머니 말씀이 내 안에 살아 있으니
딸들에게도 어머니 말씀을 전해주고
그러려니 하고 산다
이제 결혼을 앞둔 손녀에게도 전해 주었다
내게는 어머니 말씀이 힘이다

멸치를 볶는다

호두 해바라기씨앗
땅콩을 넣는다

떨리는 손
내 손
모두가 튕겨져 나가 버린다

가스레인지 주변이 어수선하다
멸치와 견과류 몇 개 남은
후라이팬을 바라본다

대학 병원의사가 말했다
앞으로 뒤를 보고도
스스로 뒤처리를 못하게 될 날이
올 것이라고

그 말을 듣고
심장이 쿵 소리를 내며
떨어지는 것 같았다

돌아오는 길에 하염없이 울었다

파킨스씨 진단을 받은 지 7년쯤
되어서 일이다

두려워하지 마라
오늘 접시를 깨고 국 대접을 깨고

열 손가락을 동원해 밥을 먹고
'괜찮아! 괜찮다!'

눈물 그렁한 눈으로 웃는다

혼자서 버릇처럼 잘 웃는다

아직은 아니다
스스로 위로하고 격려하며

깨망초 꽃

눈 감으면 선연히
보인다네
보인다네

어머니 손잡고
종일 찾아다니던 그 나지막한
양지 바른 곳

아버지는 그 길옆에
희남이를 묻고
돌무덤을 만들어 주었지

봄부터 늦가을까지
하얀 깨망초 꽃이
흰 눈이 쌓인 듯 피어 있었지

엄니는 그 꽃을
초하루 보름이면 한 아름 꺾어
장독대 꽃단지에 꽂아 두었지

정화수 한 대접 떠놓고
이른 새벽 빌고 또 빌었느니

그때가
자네 형 나이
네 살이었네

깨망초 꽃은 어머니가
가장 좋아하는 꽃이었네

그리움

당신을 한 번도 잊은 적이
없습니다

첫 새벽에 잠깨어
으레 하던 대로 돌아누우면

당신의 숨소리가 들립니다

어쩌면 그 소리는 창 밖에 부는
바람 소리 일는지도

여보……

붕어 회상

미사 드리고 가는
숲길은 참 좋다
벚나무와 은행나무가
서로 사이좋게 손잡고
서 있는 듯 하다

앵두나무도 있고
키 작은 포도나무에는
포도가 영글어 가고

그곳 깨망초 꽃 핀 화단에
나와 함께 해 온 붕어 한 마리와 며칠 전
이별을 했다

하얀 한지에
곱게 싸서 깊이 묻어 주었다

비 오는 날 새벽에
나는 아기단풍나무 아래 서서

그 사람을 보낼 때처럼
눈물지었다

저녁에는 일찍 잠이 들지만
새벽 기도 시간이면 나와 함께 일어나
너는 무엇을
소망했을까

아기 단풍 사잇길에
바람이 살랑거리고
꼬리지느러미가 몸보다
긴 네가 흐느적거리는 듯

너는
햇빛 맑은 호수에서
네 친구들과 살았어야 했다

설

큰애가
시댁에 가면서

소고기 산적과 잡채
나무새와 만두 사골 육수를 주고 가며

'엄마
내일 아침 꼭 드서
점심 때 올께'

환히 웃으며
'집에 가서 주무시고 오서!'
손 흔들어 배웅했다

설날 아침은
혼자다

나리꽃

비 오는 날

성당 다녀오는 길

저만치 담 밑에

나리꽃 한 무리

까만 주근깨 박힌 얼굴이

활짝 웃는다

보는 이 없지만

주황빛 너

빗속에 서 있는 모습

화려하고 고와라

가까이 가

보고

또

보고

어느 봄날

봄날에
버스를 탄다

달리는 차창 밖으로
저만치 피어 있는 진달래
스치고 지나간다

버스 정류장에
팔순의 노부부가
손을 들고 서 있다

차가 멈추자
할머니가 달려와
나를 끌어안았다

나는
독거노인 말벗 해주는
반찬 도우미로
노부부를 만났다

검버섯 핀
마른 손을 꼭 잡고
아무 말도 없었다

세 사람이 누운
움막 같은 방 작은 창으로
봄날의 붉은 노을이
들어오고 있었다

고향의 옛집

할머니와 부모님이 사셨고
우리 팔 남매가 나고 자란
고향의 옛집을 가 보았다

집 앞 도랑은 복개 공사를 해서 없어지고
집 담벽은 6차선 도로에 편입되었다
새 주인은 대청마루에 표구가게를 차렸다
그래도 다행인 것은 집이 예전 그대로
부모님이 '너 왔냐'
반기시는 듯해 콧잔등이 시큰거렸다

대문 틈 사이로 안을 들여다보니
저만치 마당 가운데
우물이 그대로 있고
안쪽 담 옆에 이제 허리 굽은
늙은 석류나무가 보였다

그때는 가지가 찢어지도록 열렸다
내가 배앓이하면 어머니는 석류 즙을 내서 주시며

에미 손은 약손 하시며 배밀이를 해 주셨다

내 어릴 적 별명은 울보였다
한번 울기 시작하면 그치지 않는 나를
호랑이 할머니는 대 소쿠리에 담아
석류나무 가지위에 올려놓으라고 하셨단다
언니가 말해 주었다

호랑이 할머니는
고추도 하나 못 달고 나온 가시내가 울어 싸
집에 복이 안 들어 온다시며
저 멀리 내다버리라고도 하셨단다

석류나무는 늙어서인지
꽃이 몇 송이 피지 않았다

잠동무 2

나 보다
다섯 살 위 연배시다

나도 키가 작지만
나 보다 조금 더 작으시다

키 작음이 조금도 허물이나
약점이 될 수는 없다

성당에 가면 신자들에게 존경의 대상이다
신자들이 미사후에 형님 옆으로 모여 든다

나는 연예인이라고 하며 웃는다
성당에서는 부러 모르는 척 하기로 했다

나를 '아그야' 하고
불러주는 사람은
단 한사람
내 어머니 이후 잠동무하는

그 형님이다
내 멘토이기도 하다

눈이 오나
비가 오나
일주일에 한 번은
꼭 간다

딸이 어머니를 마음으로 찾아가듯

2009년 9월 26일

　미사 중
　나자로가 식탁 아래서 빵 부스러기를 주워 먹는 대목
　가난한 자와 부자의 비유에 대한 예수님의 말씀
　그리고 영광송을 찬송하며 문득 나는 병상에서의 당신의 모습이 떠올라 갑자기 눈물이 났습니다
　신부님께서 부자여서 죄인이 아니고 나눔의 실천에 대한 강론을 하고 계셨는데 얼마나 많이 떨리는 목소리로 수도 없이
　당신 곁에서 영광송을 찬송하고 또 속으로도 찬송하고
　창밖에 푸르름도 햇빛도 하얀 눈도 함께 하지 못하고
　가을 날 아름다운 단풍도
　물론 질병의 고통으로 힘들어 하는 당신 곁에서 영광송을 찬송하며 주님께 나의 하느님께 희망을 두었던 그때
　그날들이 떠올랐습니다

3부

민다래끼

예닐곱 살 때인가
다래끼가 눈 꼬리에 나기 시작하더니
눈썹하나 뽑고 짜면
그 옆에 또 나고
짤 때마다 두 팔을
사래질하며 울었던 기억이 났다

한번은 오른쪽 눈에 다래끼가 났는데
눈두덩이 부어올라 눈시울 아래 위가 붙고
눈도 떠지지 않고 쑤시고 아팠다
얼굴도 찐빵처럼 퉁퉁 부었다

그것이 민다래끼라고 했다
외할머니께서는
내 눈을 수건으로 닦고
혀로 핥아 고름도 빨아 내셨다

그리고는 당신 가슴에 안고
딸꾹질 하며 우는 나를 달래셨다

아침에 일어나니 부은 볼에 부기가 내리고
눈도 뜨였다
아프지 않았다

외할머니는
내가 결혼 후 이년 되던 해인가
봄에 돌아가셨지만 조상도 못하고
측간에 가 혼자 소리 죽여 울었다

큰애에게

오늘이
네 생일이네
축하해

하늘이
샛노랗게 보여야
너를 낳을 수 있다고 했다

많이 무섭고 두려웠다

내 어머니를 생각했다
나보다 나이가 어렸을
내 어머니

네 아빠의 허리를 껴안고
온 힘을 다 했다
너도 문잡고 세상 밖으로 나오느라
얼마나 애썼는지
머리에 생겨난 계란만한 물혹이 있었지

한 이레 지나니 감쪽같이
없어져 신기했다

네 아빠가 많이 기뻐했다

아기였을 때
안아주고
어깨띠 매어 업어주고
우리에겐 네가 행복이었다

어제가
엄마 결혼 54주기

이제는 꿈에도 잘 보이지 않는 네 아빠
그날의 드레스 차림의 엄마처럼
저만치 앞 동에 조팝꽃이 환하다

요번 주말에는 엄마가 점심을 사마

선산에 다녀오다

그곳은
소학교 시절에
덜커덩거리며 비포장도로를 달리는
빨간 합승 버스에서 내리던 샘등

외진 길을 들어서면
외할머니 목화밭이었던
야산이 보인다

그곳은 안골
외할머니가 돌아가시고
아버지가 조상님을 모시고
어머니와 함께
당신도 뼈와 살을 묻었다

저 만치 아름드리 소나무와 상수리나무
밤나무가 진을 치듯 서 있다

밤꽃이 한 시절이어서

하얗게 피었다

어머니 옆에 뗏장이 채 자리잡지 못한
작은 묘가 생겼다

형의 얘기를 나에게서 듣고
잊지 않겠다고 빈 묘이지만
동생이 썼다고 했다

마마를 앓다 딴 세상으로 간
얼굴이 희고 잘 생긴 내 동생
내 등에 오줌을 누고

등이 아직 따뜻하다
얼굴이 선하다

산소 옆에
어머니의 꽃 깨망초와
키 작은 노란 꽃다지와

넝쿨마다 환히 웃는 메꽃이 왠지 수줍다

팔남매가 두리반 상에
둘러앉은 듯 앉아서
우리가 이렇게 사는 것도
부모님 공덕이라며
모두 고개를 끄덕끄덕 했다

'너 왔냐
반굇일이어서 왔냐?'

하늘을 올려다보니
파란 허공에 외할머니 어머니
동생 얼굴
목화밭이 지나간다

5월

나는
65년 5월 16일
오월의 신부가 되었다

섣달에
아버지 상을 당한 스물다섯 신랑 옆에
조팝꽃처럼 하얀 소복차림으로
인천자유공원 맥아더 동상 앞에서
기념사진을 찍었다

샛 잎 돋아 푸른 향기
묻어 부는 바람이여

스물셋 고운 색시는
어디로 갔을까

혼자 걷는다
그 숲길을

오늘 오월은 더욱
멋지고 향기로운데
손가락에 금가락지
끼워준 임자는 없다

그날 인 듯
샛 잎 바람이 분다

친구 실비아

그이가
암 투병을 할 때
대부도
실비아네 가게로 자주
바지락 칼국수를 먹으러 갔었다

그녀는
우리 부부를 반겼다
그이를 두팔로 포옹하며
체격과는 달리 애교도 많다
그날은 화장도 화사하게 했다
핑크색 립스틱을 바른
입술이
장미꽃 같았다

연포탕을 끓여오고
싱싱한 굴 무침도 해 냈다
늘 고맙게 잘 해 주었는데…

항상 건강하고 씩씩할 줄만
알았던 그녀가
폐암을 앓다
코로나19에 감염되어
홀로 외롭게 세상을 떠났다고
부고가 왔다

루시아도
울었다

달동네

내가
십사 년을 살았던
달동네 가게 앞을
텍사스거리라 불렀다

밤이면
술주정뱅이
깡패들이 싸움질하고
순경들이 와서 호루라기를 불고
다치고 붙잡혀 가기도 하고

나는
그의 아내가 아니면서도
아이를 업고
싸움질하는 그를 말리러
쫓아다녔다

동네 아주머니들이 우리
대문을 다급히 두들기며

'색시, 신랑 좀 어떻게 해봐' 하기 일쑤다
파출소에 가서 보호자 역할도 해야 했고

순경은 제수씨 사정 봐서
풀어 준다며 훈방 조치했다

그는
청룡부대에서 월남전에
참전했다 돌아온
그이의 사촌 형이다

어느 여름 날, 형이라며
친 형제들도 있지만 우리
집에 함께 살게 되었다

그이는 형을 좋아했다
잘 생기고 의협심이 강한
형이 월남전에 가서
무슨 일이 있었는지

많이 변했다고 했다

나는 어려운 살림에 부담스러웠다
그가 제일 무서워하는 사람은
취중에서도
대통령도 아니고 우리 제수씨라고 했다

텍사스거리에 왕초
내가 나가면 혀 꼬부라진 소리로
'죄송합니다, 제수씨'
나를 앞세우고 좁은 골목길을 돌아온다

왜인지 마음이 찡했다

그의 생일날
그이는 출근하고 조촐하게
미역국과 계란후라이 한 개 콩나물 무침
두부부침 흰쌀밥을 수북이 퍼서
'오늘 생신 축하드려요 아주버님 건강

생각하셔서 술 쪼금씩만 드셔요'

그날 아침 장부의 눈에
눈물을 글썽이며 어려서 어머니 돌아가시고
생일 밥은 처음이라고 했다

그이가 형이 어려서부터 큰 어머니 일찍 돌아가시고
우리 집에 많이 있었다며
속상해도 잘 해 줬음 좋겠다고 당부하기도 했다

그는
정말 술을 절제하여
구멍가게 우리 외상 장부책에는
술 담배 값이 현저히 줄었다

그리고 일을 시작했다
건축 막일도 하고 파지 고물장사도 하며
열심히 최선을 다 해 살려 했으나
고엽제병으로

오랜 투병생활 끝에 세상을 떠났다

달동네는
하늘에만 별이 뜨는 것이
아니다

땅에도 수많은 십자가
불빛과 함께
별이 뜨고 진다

그도 한 개의
별 이었다
슬픈 별!

외할머니

음력으로 7월이 생일인 나는
만삭인 어머니가
피살이 하러 논에 갔다가
동트는 새벽 들녘
간이 뒷간에서 낳았다고 했다

외할머니 말씀이
형상이 살 한 점
발라 낼 것 없는
꼭 깨구락지였다니께
버둥대며 우는 소리도 들릴둥말둥
저것이 사람구실이나 헐랑가 했당께
보드라운 명주 천에 싸서
가슴에 품어 안고
한 이레가 지나도록
장독대에 정화수 떠 놓고
천지신명께 빌고 또 빌었제
제발 사람구실하게 해 주십사 하였제
그 물로 껍질만 밀려다니는

니 몸을 살살 애비늘을 씻어 내고

새끼손가락 끝에 물을
찍어 입에 축여 준께
새 새끼처럼 입을
쩍 쩍 벌려 받아 먹었제
얼마나 신통방통하던지
인저는 살겠구나 맴이 놓였당께
니 에미는 우쩐지 젖이 말러
내가 고수레를 해 키웠당께

밥물 지쪄서 먹이고
니 외삼촌도 안주는 계란도 쪄서 멕이고
쌀을 볶아 맷돌에 갈아
암죽도 쒀서 먹였느니라

요렇게 이쁜 내 강아지를
내 새끼 잘못 됐음 으쩔번했것냐 잉

나는
소학교 다닐 때
반굉일이나 방학 때면 외가에 갔다

할머니 생각으로 가슴 설레며
강낭콩을 둔 보리밥을
걸대소쿠리에 퍼 담아
추녀 끝에 걸어 두고 나를
기다리실 할머니

노안역에 내려서
영산포 강줄기를 따라
달려가곤 했다

강둑에는 금계국이 지천으로 피어서
금빛 물살이 흐르고

작은 개울 돌다리를 건너려면
송사리 떼들이 놀라 일제히

샤샤샤 소리 내며 수초 밑으로 숨고는 했다

책보자기를 허리에 질끈 동여매고
땟국물 흘리며 나타난
나를 품에 달큰히 안아
등목부터 해 주시고
베 잠뱅이로 갈아입히고
조잘대는 내 얘기를 들으며 내 방둥이를
토닥이던 우리 외할머니

'그랬어?'
동네 우물은 매우 시원하고 단맛이 났다

저녁엔 호롱불 아래서
할머니는 바느질하시고

나는 무릎을 베고 누워
풀주머니 같은 할머니 젖을
주물럭거리며 잠들었다

지금
텃밭에 검붉은 고추를 툭툭
분질러 넣은
할머니의 손맛을 닮은 어머니의
칼칼한 콩밭 열무김치
그 맛이 그립다

나 혼자 밥을 먹는다

307호
미카엘 형제가 낚시를 다녀오면
우리 집에 물고기를 가져왔다

참붕어도
향어도
망둥어도

가을 망둥어는 살이 실하다

암 투병하던 남편은
생선을 좋아했다

특히 향어회와
참붕어 찜을 좋아했다

펄떡펄떡 뛰는 향어를
도마 위에 올려놓고
눈을 가리기 위해

행주로 머리를 덮었다

속으로 미안해하며
머리통을 칼등으로 내리쳐
기절 시킨 후

지느러미를 자르고
내장을 꺼내 깨끗이 손질하여
꼬리에서부터 얇게 살을 떠냈다

그때는
그를 위해서라면
못 할 일이 없었다
겁도 없었다

양념한 초고추장과
상추 깻잎을 내면
엄지손가락을 세우며
최고라고 했다

멸치도 안 먹던 내가
그를 만나 못 먹는 것 없이
다 잘 먹게 되었다

그도 가고
오래전에 미카엘 형제도 가고

지금 나는
멸치도 안 넣고 끓인
김치찌개 하나 놓고

혼자서 저녁밥을 먹는다

나 혼자서 밥을 먹는다

생일

미사 드리고
레지오 회합실에 오니

큰애가
고구마 케익을 만들어 왔다

내 생일을 위해서
한 달여 동안 틈나는 대로
배우러 다녔단다

케익 위에
빠알간 장미와
노랑장미 보랏빛 장미가
피어 있고
78이라는 빨강숫자의
초가 꽂혀 있었다

단원들이 빙 둘러서서
"형님 생신 축하드려요"

"리사가 최고다"
"형님 좋으시겠어요"

한 자매가 생일송 대신으로

  짜증은 내어서 무엇하리
  짜증은 내어서 무엇하리
  마스크 꼈다고 코로나 무서워
  형님 생신 축하 못하리
  덩더꿍 덩더꿍
기뻐하며 축하해 주었다

큰애는 내 손을 잡아 끌고 밖으로 나와
봉투를 쥐어 주며
'우리들 셋이 드리는 용돈이에요
아줌마들 모시고 점심 식사 하세요'

가슴이 울컥했다

'큰애야 고맙다'

막내와의 이별 이야기

우리 막내 아네스가
본사로 가는 것을 어제 서명하였다고 한다

빠르면 오월이나 유월쯤 가게 될 것이란다
자기가 먼저가고 하은 애비와 하은이는
겨울 휴가 때 와서 데려간다고 했다

그이가 울었다
종일 마음이 그런가보다 어쩌면 아무도 얘기해 주지 않아도
자신의 죽음에 대해 생각하고 있을 것이다
아네스와 헤어지면 이제 볼 기회가 없을 것이라는
생각도 할 것이다

우리와 그 애들과의 가는 길이 엄연히 다른데
우리 때문에 가지 말라고 할 수는 없지 않은가
나는 아무튼 그이도 애들도
다 자신의 길을 가야 할 것임을 안다

나만이라도 마음을 비우고 주님의 자리를
내 안에 더 많이 마련하도록 하자

어차피 현세의 삶은
만나고 헤어지고 하는 이치인데
무엇을 욕심 낼 것이며 발버둥 칠 것인가

 주님! 당신 뜻대로 하소서
 저는 오직 당신께만
 의탁 하나이다

그이가 종일 안절부절 못했다
그이의 고통을 어떻게 덜어 줄 수가 있을까?
내가 정신을 바짝 차려야 하는데 차라리
어서 빨리 주님께서 그만을 이승에서의
죄와 벌을 속량해 주시고
당신 곁으로 불러 주셨으면 하는 마음이기도 했다

봐서 저녁에도 계속되면 응급실로 들어가야지 했는데

조금 나아지고 진정되어
잠이 들었다

분꽃

하양 빨강 노랑
분꽃이 피었다

분꽃은 해질녘에 활짝 피었다가
아침 해 뜨면 수줍은 듯
살며시 오므라든다

조막손 같다

분꽃을 보면
내 예닐곱 유년시절
소꿉동무 해 준
상애 성 생각이 난다

성은 시집갔다 쫓겨 온
콩각시다
어른들이 그렇게 불렀다
성은 머리를 쪽지고
까만 통치마에 흰 저고리를

늘 입고 있었다

우리 집 텃밭 가에
봉숭아와 분꽃이 한 시절 피면
상애 성은 손톱에
봉숭아물도 들여 주고
분꽃 밑에 앉은 까맣게
여문 씨앗을 빻아
그 속에 분가루를 모아
성 얼굴에도, 내 얼굴에도
뽀얗게 발라주고
'이쁘네! 이쁘다'하며
얼굴을 쓰다듬어 주었다

어느 저녁나절
성네 대문 앞에 섰다

성은 우물가에서 설거지를
하고 있었는데

실수로 그만 자백이가 깨지고
성 손에도 피가 흐르는 걸 보았다

그 어메가 머리끄댕이를
낚아 채
이리저리 흔들었다
'이 웬수바가지야 차라리 뒈져라'
욕설을 퍼붓고 있었다

숨어서 보던 나는 무서웠다
성이 불쌍해 돌아오면서
막 울었다

그 후로 성을 다시 보지 못했다
분꽃 닮은 상애성이 많이 보고 싶다

울 엄니

엄니 산소에 갔다
앞산에 산벚꽃이
옛날 엄니의 광목치마 자락처럼 아른거렸다

울 엄니는 긴 치마허리를 질끈 동여매고
굵은 새끼줄을 뭉퉁그려
머리에 이고 자주 산에 갔다

무등산 꽤재 고개 너머
또 너머 산에서 나무를 해 여다
장터에서 겉보리도 바꿔오고
이맘때면 홍어애도 바꿔오셨다
엄니는 홍어 애탕국을
정말 구수하고 맛나게 잘 끓이셨다

홍어애를 바꿔 오신 날이면
'아그야 저기 형무소 농장 다리께
보리밭에 가서
보리 싹 좀 비어 오너라'

망태 소쿠리를 들려 주셨다
나는 순한 보리 순도 비고
봄기운이 도는 땅을 뚫고 나온 어린 쑥, 달롱개 나숭개 나물을
캐서……
단발머리 궁둥이 흔들며
집으로 온다

엄니는 겉보리쌀을 우물가 확독에서
곱게 닦여
무쇠 솥에 넣고
바짝 마른 보릿대로 아궁이에
불을 지펴 밥도 짓고
홍어 애탕국도 보리순과 나물들을 넣고
푸짐하게 끓여
허기진 이웃들도 불러 들인다

울 엄니 머리 정수리에는
머리카락이 없었다

엄니 머리카락은 인공 때
인민군을 피해 도망 다니는
아부지 대신해 가장 역할 하느라
나무하러 다니면서 빠졌으리
민둥산처럼 훤한 그 정수리는 머리카락이 나도
바스러지고 자랄 수가 없었을 것이다

저녁이면 잠자리에 누운 엄니가
'머리에서 불이 날 것 같으니께
찬 물수건을 좀 덮어라' 하시면서
다음 날이면 또 산으로 가셨다
머리 뒤 꼭지에 조금 남은 머리카락을 비틀어
흰 사기 비녀를 꽂으신 울 엄니

그날 엄니가 늦어
해질 무렵 동생을 업고 쫴재 고개까지
마중을 나갔다가
엄니가 나무둥치를 내려놓고

남의 묘 등에 엎디어 엉엉 소리 내어
우는 모습을 보았다

나도 내 등에 업힌 동생도
울었다

밤이면 당신 머리에
'불난다' 하시면서도 의롭고
인정이 많으셨던 울 엄니

달개비 꽃

가을 문턱에 선 너

반달 얼굴에

파란 하늘 담았네

머리에는 노란 꽃술 왕관

초록치마 두른 작은 아낙네

목련 1

창가에 목련꽃나무 한 그루 서 있다

겨우내 발 시려
이불속에 발을 넣고 살아온 나처럼
그도 땅 속에 발을 박고 서 있다

놀라워라!
하늘 끝 저 멀리서 오는
봄소식을 알아듣고
주변에서 꽃들이 와글바글
잿빛 꽃받침 위에 선 봉오리들

붉은 눈썹달이
저만치 걸려 있다

희다 못해 푸른빛 도는 꽃 잎
천사의 날개옷처럼
꽃잎이
바람에 웃는다

큰 되련님

오늘은
그의 기일이다
오월 윤달이 들어 멋진 시월이 지나고
창 앞 감나무가지 끝에
얼굴 붉힌 마지막 감 한 개 바라보며
그가 보내 준 편지들을 읽어 보았다

형수님 전
오늘은 진종일 비가 내리고 있습니다
봄 날씨 같지 않게 차갑습니다

요즈음 가내 두루 평안하시지요?
꼬맹이들도 잘 자라고요?
어디를 가나
보고 싶은 건 그 꼬맹이들
생각뿐이랍니다.
형수님께서 보내 주신 혼수
비단 이부자리 덕분에
겨울을 호사하며 따뜻하게 잘 보냈습니다

잠자리에 들면 목화향이 참 좋습니다
형수님과 함께 어머니를
느낄 수 있었습니다

저 역시 별일 없이 낮 시간은
아이들과 동화되어 잘 보내며
숙소에서는 이장님댁 마당도 쓸고
도울 일 있으면 주민들과
학교 선생이 아닌 이웃으로
어울리고자 노력합니다

형수님! 제 곗돈
송금은 받으셨는지요
이곳 형편상 늦게 보내 드려 죄송합니다
형수님! 감사 합니다

4부

안드레아 2

벌초를 하며
형은
아카시아가
한 자는 자랐구나!

시뻘겋게 충혈 된
눈으로
긴 한숨을 쉬었었지

안드레아
안드레아
먼데 산을 바라본다

어디서 날아와
앉았는가?
비석위에
고추잠자리

수줍음 많이 타던

홍안의 소년아!
꿈이 만화가였던 너는
그림 그리기를 좋아 했었지

그해,
암으로 너를 떠나보내고
가슴엔 가슴엔
피멍든 계절이여!
아직도 진정되지 않은
그날의 절망이여!

팔월의 햇볕은 뜨겁고
잡초만 무성하구나

형은
땀을 닦으며
아카시아도
쑥부쟁이도 모두
베어 내었지

그리고
돌아서며

안드레아!
안드레아! 안드레아!

기일에

그대
못 잊어
어찌 나 두고
떠났을까

이번 주가 고비가
될 것이라 했다

정신이 살아 있을 때는
늘 함께 손잡고 가자 보채던
그가

죽음의 문 앞에 서 있는가

혼자 떠나기 무섭고 두려웠던가

애처롭게 슬피 울고
슬퍼 눈물 났지만 삼켰다

우리는
다시없을 이별을 하고 있었다

10월의 마지막 저녁나절
햇살이
유리창 너머로
그의 얼굴을 비추었다

그랬다
금요일 저녁에

오래지 않아 그대가
우리 곁을 떠날 것 같은데
그때가 언제일까

가능하면 모두 모일 수 있는
그 시간이었으면 좋겠습니다
내 무릎을 베고
숨을 몰아쉬는 그대여

함께 동행 할 수 없어
마음이 아프고 미안해요

지구 반대쪽 캘리포니아에
우리 막내딸이 손등으로
눈물을 훔치며
아빠와의 이별을 서두르고
우리 모두 그대 떠나보낼
준비를 했지요

헤어지긴 싫지만
희망이 없는
고통의 깊은
파멸에서의 구원을 위해
얼마나 많은 원망과
소원을 빌었던가요……

그날이
마치도 어제인 듯 한데

어언 여덟 해
아쉬움 많은 통곡
가슴에 박힌 대못하나
목메는 한이여!

대리석 문에
어깨동무하고 찍은
사진 속에 그대가

'왜 점점 초췌해져 오는 것이오?'

어깨위에 내려앉은
은행 잎 하나
발아래 밟히는
낙엽소리
듣고 있나요

저
하늘 끝에
감빛 노을이 번진다

백일홍

태평양 건너
이국땅에서 만난
백일홍

한낮
화씨 106도 태양 아래서
단발머리 소녀처럼
맵시 단정하다
붉게 익어 가는 얼굴들

먼발치 오는 걸음소리
들으려 발돋움하여
키 한껏 키웠나?

활짝 웃는 웃음소리

걸터앉은 돌계단이 뜨겁다

작은 나비들 모여든다

막내딸

멀리 태평양 건너
캘리포니아에 사는
막내딸에게서
통통 튀는 목소리로
전화가 걸려왔다

엄마!
고춧가루 잘 받았어요
뭐 그리 많이 보냈어요
감사한 마음으로
잘 먹을게요……

지난 주말에는
동치미도 담가 지금
알맞게 익어서
참 맛있게 먹고 있어요

이번 주말에는
파김치를 담그려고 해요

엄마 파김치가 그리워요

엄마!
나 걱정하지 마요

잘 하고 살아……

알싸한 파김치 냄새
코끝을 찌르는 듯
손등으로 콧물을 닦아 본다

"막내야"

그를 만나러 가다

이제
머 언 먼 옛사람이 된
그를 만나러 간다

산에 부는
겨울바람은 차고
산이
울음을 운다
그 사람처럼

벌거벗은 은행나무는 우뚝 선 채로
시린 손 하늘로 뻗어
무엇을 소원하는가

나도 옛 사람 되어
그 사람이 사는 쪽문
앞에 서 있다

핑그르 눈물이 돈다

별이 꽃이 되다

마른 풀 밭
눈에 잘 띄지 않는
한 포기의 잡초

꽃도
피우고 있었네

새벽달이 기울고
별이 떨어져

파란 꽃이 피었네

가까이
가까이
들여다보네

늦가을 끝
바람으로 와서
머문 이 자리에

너

별이
꽃이 되었네

화장터에서

안드레아가 칠순이다
칠월스무닷새

아무도 없다
나 혼자서
생각에 잠긴다

그가 세상을 뜬지도
벌써 삼십팔 주기나 되었다

그 날도 비가 내렸다

주일이라
집에 신부님이 오셔서
사도예절을 하고
화장터로 갔다

간단하게 화장 전
예식을 하고

화로로 들어갔다

1시간 40분 만에
스피커에서 가족은 수골실로
오라고 불렀다

우리는 달려갔다
시신 한 구 사르는데 두 시간은 걸린다는데
너무 몸집이 없어
다른 사람보다 일찍 끝났단다

쇄골실에 들어가니
새까맣게 탄 뼈 몇 개 삼태기에 담아 와
쇠절구에서 쇠절구공이로 쿵쿵 빻았다

내 가슴이
뼈까지 쿵쿵 울리며 아파왔다

동서가 그 남정네

손을 붙잡고 울며

'가만 가만 살살해요 아프다잖아요'

어떻게 설명을 할 수 있을까

이제 그만 울고
누구 노잣돈이나 내슈!
남정네가 나무로 짠 납골함에
뼛가루를 담아 건네주었다

내가 돈 이만 원을
건네주고 돌아섰다

큰 형님께서 찰밥을 해 오셔서
찰밥에 비벼 산 여기 저기 던져 놓으면
산새들이 쪼아 먹어 좋다시며
땅에 묻어 나쁜 버러지들 꾈 일도 없다 하셨다

큰 형인 그이가 한 줌 부모님 산소 뒷머리께
깊이 파고 묻었다

동산에 올라
이름을 불러본다

내 무릎 베고
청춘의 꽃 여드름 짜달라
귀지 후벼 달라하던 그
엊그제 일인 듯 선명한데

누구나 다 가는 길 보내 놓고
우리는 처음이어서
더 아프다 했다

관음죽

따끈한 방바닥에
배 깔고 엎드려
난이 처진 흰 도자기 화분에 심어진
관음이를 보고 있지요

실내 공기 정화시키는데
좋은 나무라 해서요

길쭉길쭉한 손가락을 쫙쫙 펴고
아, 초록의 잎새들이 보드라운
아기 손 같아요
이쁜 손들을 감싼 화분을
손가락으로 따라가 봅니다

요즈음은 밤 깊도록 그와 함께 놀고
당신은 이런 나를 예전처럼 아무 말 없이
바라보겠지요

여보,

이웃에 가끔씩 놀러오는 자매가 있어
반쪽 나눠줬어요
그 자매도 나처럼 하고 논다며
관음이를 좋아한대요

잘 아는 아우에게서 전화가 걸려와
관음이와 노는 얘기를 하면서
그 손이 너무 보드라운 것이
여인네 손처럼 고운 당신 손 같아 때론
가슴이 두근거린다 했더니
놀라 나 더러 병원에 가 보래요

내일 모래면 팔십인 할마씨가
뭔 말이여!
중병인디……
하하하

머리맡에서
관음죽도 웃지요

행복

섣달그믐 날
큰 사위가 데리러왔다

이제 애들은
내게 명절 음식에
대해 묻거나 의논하지도 않는다

내가 하던 짓을
쉬
마음으로부터
내려놓지 못해 우울할 때가 있다

애들은 내가 팔십이 다 됐는데
이제 엄마가
자기네들에게 해줬듯이
엄마에게 해 주는 것이
너무나도 당연하다고 한다

자녀들 부부가 세배를 하고

세뱃돈을 준다

손자 손녀도 세배를 한다
돈을 버니 세뱃돈을 준다

한복차림의 증손자도 엄마 아빠
도움 받아 세배를 한다

'아유 이뻐라!'
나도 모두에게
절값을 준다

정월 열나흘에……

아홉 가지 나물에
오곡 찰밥을
아홉 번 먹는 날

내 유년시절
박 바가지와 수저만 들고
밥 얻어먹고
어머니는 대문간에
밥과 나물 소쿠릴
내 놓으셨다

그리운 어머니의
손 맛
추억이여

어머니 같은 친구가
나물과 밥을 해 들고
미사참례 못한 나를 찾아왔다
늘 고마운 친구

그녀에게서는
어머니 향기가 난다

아버지가 주신 파카 만년필 51

결혼식을 마치고
아버지께서 가까이 다가오셨다

이쁘구나! 잘 살아야 한다

흰 가제 손수건에
싼 무엇을 주시고
내 머리 면사포 밑으로
손을 넣으시어
뒤통수에 어릴 때
생긴 큰 상처 자국을 더듬어
만져 보시고

고맙다, 잘 살아야 한다

내 어깨를 다독이시고 돌아서시는
아버지의 뒷모습

혼자였을 때

손수건을 풀어 보니
자주색 파카 만년필 51과 돈 봉투

   애비한테 할 말이 있을 때 쓰고 일기도 쓰고
   돈은 애비가 마지막 주는 용돈이니 꼭 필요할 때
   쓰도록 하거라   아버지

아버지의 쪽지 글이었다
나는 혼자서 흐느꼈다

얼마 후에 그 사람이 한진 도크에 나가서
할 일이 있다면서 만년필을 좀 빌리자고 했다
저녁에 들어온 그 사람이 실수로
만년필을 바다에 빠뜨렸다고 했다
솔직한 심정으론
'뭐라고요…… 악!'
소리를 지르고 싶었다

할 수 없지요

우리는 맞선보고
한 달 만에 결혼하여 한 달도 채 안된
서먹한 사이였다

봄비가 내리는 날
인터넷 검색 창에
파카 만년필 51을 쳐 보았다

씀바귀 김치

올해는 씀바귀가 많다
화단에도
성당 오가는 길섶에도
샛노란 꽃이 지천으로 피었다

어머니 생각이 났다

이맘때 어머니는 씀바귀 김치를 담구셨다
우물가 확독에 불린 건고추와
생 멸치젓 보리밥을 넣고
마늘 생강도 넣어
뭉긋한 둥근 돌로
돌돌 소리 내며 갈았다

소금물에서 쓴 물을 뺀
씀바귀를 넣고 버무릴 때
꿀을 조금 넣어 마무리 하셨다

내가 어머니 앞에

쪼그리고 앉아
턱을 추켜들고 있으면
씀바귀가닥을 둘둘 말아 입에 넣어 주셨다

"어떠냐?"

나는 고개를 크게 끄덕였다
매콤하면서도 쌉싸래한 맛
그리고 뒷맛으로 꿀맛이 혀끝에 와 닿으며
달다름했다

저만치 안방 봉창 문을 열고
할머니가 담배 곰방대를 소리 나게 두들기셨다

'한입 다오'
당신도 맛보고 싶으시다는 뜻이었다

내가 씀바귀 김치를 담가 보았더니
그때 그 맛이 아니었다

목련 2

밤사이 소리 없이
내린 비로
목련은 지고

그대
하늘 강 건너
어디쯤에서 오시는가?

밤길 되돌려 올 적에
이 몸 쉬이 알아보시라
흰 치맛자락 거머쥐고
등 밝힌 창가에서
서성이네

목메어 울다 떠난 설움이여
외로운 넋이여

그대 못 잊어
목련은 저토록 고개 떨구고

꽃잎은
소리 없이 흩어지네

5부

꽃다발

세실리아 부부가 왔다

한 아름되는 꽃다발을
김 서방이 내 가슴에 안겨 주며
어머니보다 더 예쁜 꽃은
그 넓은 꽃시장을 돌며 찾아봐도 없던데요 했다

빨강, 노랑장미, 붉은 다알리아,
소담스런 분홍빛 수국,
하얀 엘리자벳꽃……
이런 꽃다발은 내 생애에 처음이네 했다
김 서방이
'아! 죄송합니다. 어머니'
앞으로 어버이날에는 주욱 꽃다발을 해 오겠단다
늘 말을 단맛 나게 하는
쉰 살이 넘은 나이에도 소년 같은
이쁜 우리 사위

베란다 구석에 씻어 엎어 놨던

고추장 단지를 가져와
꽃을 꽂았더니
옹기 단지와 잘 어울렸다

성모님 앞에 꽃단지를 놓으니
성모님 얼굴에 환한 미소가 떠올라 보였다
'은총이 가득하신 마리아님
기뻐하시며 즐거워하소서!

막내에게서

엄마!
잘 지내고 있지?
우리도 잘 지내
걱정 말고
추석이네?
용돈 신협 통장으로 쪼끔 보냈어
엄마 친구 아줌마들이랑 맛난 거 사 드시고
즐겁게 지내서
코로나는 조심하고

금세 달구똥 같은
뜨거운 눈물이
쏟아졌다

추석날 아침에

텔레비전 인간 극장을 시청하며
밥을 먹는데
갑자기 TV화면이 나갔다

더 이상 떠드는 소리도
웃는 소리도
들리지 않았다
사람의 소리가
들리지 않는다

밥상을 들고
어항 앞으로 가
열대어 구피에게 말을 걸며
밥을 먹었다

'너희는 어느 용궁에서 왔느냐'

부챗살 같은
무지개 빛깔 무늬의

꼬리를 흔들며
그 쪼끄만 입을 유리에 대고
쫑긋 거린다

'왜 혼자 와 밥 먹느냐?'고

교통사고

국민은행 앞 건널목에
검정 비둘기 한 마리
교통사고로 죽어 있다
그 작은 머리가
아스팔트 위에서
납작하게

밤에 사고를 당하고
수많은 크고 작은 차들이
보았든
못 보았든
비둘기 시체 위로
바퀴를 굴리며 지나다닌다

짓뭉개져 누워 있는
비둘기 한 마리를
누구 한 사람 치워주지 않는다

누구도

뺑소니 운전기사를
잡아 주지 않는다

나마저도

어머님 기일

음력 오월 열나흘
어머님 기일이다

육이오 난리 통에
막내 되련님 낳으시고
젖 한번 못 빨리신 채
세상 떠나신 어머님 마음인 듯
이날은 늘 비가 내린다

저만치 거머리 산에서는
뻐꾸기가 운다

문간 방
넓은 책꽂이 한 칸을 비워 모신
누렇게 변색 된 아버님 영정 사진 옆에
세워진 신위 판에
사진 대신

〈전주 이 씨 데레사〉

사고지에 떨리는 손으로
그 사람이 하던 일을
나는 붓글씨가 아닌
검정 싸인 펜으로 써 붙인다

그 사람 떠나고
열두 해

큰형님께서
어머님 모습이 궁금하면
나를 보라 했다
당신이 어머니를
많이 닮으셨다며
'생존해 계시면 올케를 귀히 여기시고
이쁘다 하셨을 게야'

시집 온지 쉰여섯 해
새색시 때의 얘기다

이 방에 들어오면
지금 나는 혼자이지만
왠지 혼자가 아니다

도란거리는 애기소리 들으며
상을 펴고 촛대에 불을 켠다

사과와 배
수박은
빨간 속살이 보이도록 머리를 자르고
황태포를 올려놓고
제주 대신 따끈한 녹차 한 잔을 올린다

어머니!

목소리 다듬어 높은 소리로
연도를 바친다

내 친구 루시아 2

루시아와 나는
공복혈당 체크하러
보건소에 갔다

지난여름
내가 쓰러진 이후로
시작된 일이다

모두 다 좋단다

루시아는 나쁜 콜레스테롤 수치가
지난번 검사 때보다
많이 좋아졌다고 했다

마주보고 웃었다

가벼운 마음으로
나와 손깍지를 끼고 흔들며 오던 중
빵가게 앞에서

루시아가 내 어깨에 손을 얹으며

"여기 있어"
"응"

나는 말 잘 듣는 아이처럼
고개를 끄덕이고
루시아는 가게 안으로 들어갔다

잠시 후
검은콩 두유 두병을 들고 나왔다
교회 마당 벤치에 앉아
루시아는 뚜껑을 따서
빨대를 꽂아
내 두 손을 모아
감싸며 쥐어 주었다

'어이 아침 약 먹자'
손힘이 없다며

어렵게 뚜껑을 또 따서 마셨다

'빨리 가자
 미사시간 늦겠다'

루시아가 벤치에서 일어섰다
나도 따라 일어섰다
흡사 어린아이가
엄마 따라 하듯
그렇게……

玉果에서 1

예순 중반인
막내 여동생을 끌어안고

등을 토닥이고
볼을 만지며

접때 봤을 때보다
살이 붙은 거 같은디
좋아 보인다

언니가 그리 말하니
엄니가 살아오신 것 같네

키도 알맞게 크고
허릿매도 잘록하다

희고 고운 얼굴
웃을 때마다 눈가에
잔주름이 이쁘다

여고시절 모습이 보인다
코스모스 같다

텃밭에서 쌈채를 뜯고
무쇠 솥뚜껑을
뒤집어 놓고
고기를 구워
남자 형제들은 술을 마시고……

오랜만에 만난 형제들은
봄날의 햇살 같다

玉果에서 2

일인용 소파에 파묻히듯
기대어 앉아 있는 제부는
회칠한 듯 희고 네모난 얼굴엔 표정이 없다

눈만 꿈벅거리며
숨 쉴 양이면 목젖에서 가끔씩 쇳소리가 났다
앞으로 모은 두발은 퉁퉁 부어 있었다
바늘로 찌르면 물이 슝~하고 솟구칠 것 같았다

영원으로 흡입되어 가는 길

그는 문득 우리와 분리된 사람인 것 같았다
그 누군가의 부르심을 간절히 기다리는
가장 고요한 시간인 듯

밤하늘엔 수많은 별이 빛나고
은하수도 흐르고
내가 집에서 보던 북두칠성도 보인다

마당 한 가운데
편백나무 한 그루가 어둠을 찌르고
드높이 솟아 있다
그리고 이름 모를 밤새 한 마리가
푸드득 소리 내며
대나무 숲으로 날아갔다

저 아래 마을 앞
논배미에서는 개구리가 울어댄다

장보기

막내 아네스 영명 축일이다

가족들이 모여서 저녁을 먹기로 하였다
마침 그이의 2차 항암도 입원하지 않고 순조롭게 마쳤다

메뉴는 그이에게 좋은 영향을 줄 것이라며
큰 애 리사가 능이오리백숙을 하겠단다

그리고 잡채 떡볶이 가자미조림으로 정하고
모래네 시장에서 장보기를 했다

사람들이 너무 많아
내가 얼이 빠져 정신이 없어하니
'엄만 꼼짝 말고 여기 있어'
윤하네 건어물가게 한쪽 구석에 있으라 한다
메모지를 보고 볼펜으로 표시 해 가면서 장을 봤다
나는 가게 한쪽에서 사람들을 피해
이리저리 비켜서면서

옛날 제사 때나 설, 추석
장보던 생각이 떠올랐다
아기를 업고 혼자서
어떤 때는 비를 쪼르르 맞기도 했었다
등에서는 애가 칭얼대다 지쳐 잠들기도 했고
고개가 뒤로 젖혀진 것을 보고
애기 고개 떨어지겠다고
지나가는 나이든 아주머니가 띠를 풀어
아기를 다시 고추 세워 업혀주기도 했다
두 팔에 든 짐이
무거울라치면 머리에 이기도 했다

지금은 끌고 다니는 손수레가 있어 정말 편하다
다 살게 마련이다

아이들이 자라니까
초등학교 들어 갈 무렵부터는
내게 힘이 되어 주었다

참, 안성에서 교편생활을 하던
큰 되련님이 인천으로 발령받아 이웃에 살게 되고
또 사우디 건설현장에서

귀국한 둘째 되련님 개인택시사업을 해서
부평 큰 시장으로 가서 편하게 장도 보고

외롭고 힘든 시절이 다 보상받는 기분으로
살게 된 시절도 있었다

건망증

전광판엔 '33분 후 8번 버스 도착'이라는 메시지
33분 후면 지금 9시 30분인데 지각이다

택시를 잡았다

좋은 아침입니다
어디로 모실까요?
어머! 어떻게 하죠 기사님
생각이 안나요

마음을 차분히 하시고 천천히 생각하세요
연세도 있으신 듯한데
가방을 메고 어디 가시는지요?
공부하러요
네? 무슨 공부를 하러요
제가 좋아하는 강의 들으러 가는 거예요

저 팔십이예요
아 참 생각났어요

청학동 사거리 가면 남인천 전화국인가 있고
맞은쪽에 새로 지은 큰 건물이 있어요
거기 가는 거예요
예 알 것 같습니다

그런데 차 세우실 때 몸맵시가 곧고
똑 바르셔서 건강해 보이셨습니다
다리는 아프지 않으세요?
왜 아니겠어요 저녁이면 붓기도 하고 아프지요
다 늙은 탓이지요 저도 팔십입니다
그러고 보니 기사님 머리도 흰 머리다
아 그러세요?
기사님도 대단하신데요 아직 일 하시잖아요
용돈 좀 벌어 생활에 보태려고 하지요
오래는 못해요 해지면 안 보여서
다섯 시까지만 하고 들어갑니다

청학동 터널을 보니 반가웠다
기사님이 청학사거리에서

저기 보이는 건물이 남인천 우체국이 아니라 한국전력입니다
네 맞은쪽 새로 지은 건물 있지요
거기 가는 거예요

연수 문화원 앞에서 기사님이 차를 세웠다
택시요금은 만 삼백 원
천원 더 내고 거스름돈은 받지 않았다

할머니의 임종

어머니가 할머니께
큰 댁 서방님께 알리고
형님들께도 오시라고 할까요?

할머니는 고개를 저으며
눈을 감으셨다
눈물이 눈 꼬리에 주르르 흘렀다

나는 손을 뻗어 할머니의 눈물을
훔쳐 드렸다

너 여기 할머니 곁에 꼭 있어
학교 느그 아부지한테 다녀오마

어머니가 오시고
뒤따라 아버지가 오시고

목에서 가래가 끓던 할머니
딸꾹질을 몇 번 하시고

숨을 거두셨다

할머니는……
부처님한테 가셨단다
나는 손등으로 눈물을 닦았다

어머니와 함께
할머니의 임종을 지켜보았다

아버지께서
벽에 걸린 할머니의
초상화를 내리셨다

할머니는 위엄이 있어 보였다

2016년 4월 28일

유방센타 검사 외에 안과, 소화기내과 진료를
하루에 다 보느라고 3층, 2층, 지하 핵의학, 뼈, 촬영
......

무지 바쁘고 이런 내 모습이
얼마나 살려고 발버둥치는가 자신에게 속으로
너 얼마나 살고 싶은데 라고 자문해 보았다
그런데 그건 아니다
살고 싶어서라기보다 아프지 않고 살다가 죽기 위해서다
세실리아한테 미안해서 매번 눈치를 본다
어버이날 못 온다고 이십 만원을 주고 갔다
빗길에 차로 태워다 주어 고맙고
자식이라서 부모에게 고단하고 힘든 내색 안 한다

오늘의 시 한줄 쓰기
그는 하늘의 사람이다
높고 파란 하늘에서 크게 웃고 있다
나에게 기쁘고 행복하게 살랜다

동생과 나

누님
동곡 선산에
부모님 뵈오려 가는
길입니다

고향 가는
중추절 하향길은
비교적 한가합니다

아 고맙고
나도 동행하고 싶은
마음 굴뚝같으나
이번에는 동생 혼자
잘 다녀오시게

홀로된 이 누나의
외로움을 조금이라도
위로하고 싶은 그 마음
이번에는 전복이었네

그러……

기운 차리고 힘내라
했던가

살아서 꿈틀거리는
내손바닥보다 더 큼직한
그놈을 쪄서 이리 살펴보고
저리 살펴보고

칼로 채쳐 초고추장에
찍어 먹고
미역국도 슴슴하게
끓여먹었지

눈물겨워하며 행복해 했네

누님 차후에 세종에 오시면
누님의 어린 시절이 있는 외가 동리

안골에도 모시겠습니다

팔순누나의 시집 발간을 축하하면서

 어릴 적 무척 예쁘고 똑부러진 성격을 지닌 둘째누나는 나에게도 많은 영향을 주었다.
 누나와 난 나이 차이가 많이 난다. 당시 내가 초등학교를 다니면서 동네 친구들과 놀기 좋아해서 늘 공부는 뒷전이었다. 그런 나를 놔두지 않은 건 둘째누나였다. 항상 숙제를 내주고 그것을 검사했다.
 놀다가도 멀리서 누나가 보이면 집으로 들어와서 공부하고 있는 자세로 앉아 있었으나, 흐르는 땀과 냄새로 들통나 무릎 꿇고 붉은 벽돌을 손으로 올려드는 벌을 서기도 했다.

 이런 누나는 글씨를 예쁘게 잘 쓴다. 또 처녀 땐 맑은 영혼을 가진 시를 써서 주변에선 잘 가르치라는 말도 많았었는데, 가정 형편상 그러한 배움에 길로 나가지 못했다. 시집을 가서 글 쓰는 것을 놓았다가, 몇 해 전부터 틈틈이 시를 써 오셨다는 말을 들었는데, 이번에 팔순을 맞아 그것을 모아 조카들이 아름다운 시집을 펴낸다. 감사

한 일이다. 누나의 글귀에는 어려서 느낀 소녀의 감성과 삶의 애환이 느껴진다.

  세상에 많은 시집이 있고, 사연이 있지만 둘째누나가 펴내는 이 시집이야말로 같은 시대를 살아오신 분들에게 많은 공감이 가고, 가슴을 울릴 것이라 믿어 의심치 않는다. 따뜻하게 읽어 주시길 바래본다.

2022년 8월

둘째 남동생 희군 올림

할머니 시를 읽고

글을 대하는 나의 감성은 어디에서 왔을까, 그 근원을 생각해 본다. 어릴 때부터 글을 읽는 것을 좋아했고, 글을 쓰는 것을 좋아했다. 어느덧 자라서는 작은 공모전에서도 당선이 되고, 글을 쓰는 업까지도 생각을 했었다. 일생의 목표 중 하나는 내 이름으로 된 어엿한 책을 출판하는 것이고, 이는 아직도 유효하다.

몇 년 전부터 할머니께서 글을 배우러 다니신다는 말씀을 들었다. 팔순을 앞두고도 새로운 배움을 찾아다니신다는 것이 그저 존경스러웠다. 그렇게 꾸준히 글을 배우고 써오신 할머니께서 이번에 책을 내신다. 할머니의 등단에 자그마한 받침돌이라도 놓을 수 있어 외손자는 감사할 따름이다.

할머니의 글은 깊고 진하다. 어떤 글에는 얼마 전 일이 생동감 있게 담겨있고, 어떤 글에서는 아주 오래 전 일이 여운을 머금고 당시를 묘사하고 있다. 글을 읽으며 마주

한다. 젊으셨던 할머니를, 친구 분과 계실 때의 할머니를, 우리 가족을 보고 있는 할머니를, 혼자 계실 때의 할머니를, 그리고 먼저 가신 지 올해로 15년이 된 할아버지를 여전히 머금은 할머니의 글은, 깊고 진한 할머니의 여든 생이 차곡차곡 녹아 있다.

나의 감성의 원천은 한 대를 건너 있었다. 글이라는 그릇에 감정을 담아낼 수 있는 재능을 할머니께서 전해주신 것 같아 감사하다. 아침저녁으로 주시는 할머니의 안부 연락은 어릴 적 할머니가 해주시던 만두같다. 따뜻한 마음을 꾹꾹 눌러 빚어낸 할머니의 메시지에 편안한 마음으로 하루를 시작하고 마친다. 아무리 키가 크고 나이가 들었어도, 할머니 앞에서 이 외손자는 그저 부드럽고 달달한 솜사탕이다. 말보다 글이 덜 부끄러운 손자는 이렇게나마 짤막한 진심으로 우리 대단한 할머니를 응원해드리고자 한다.

2022년 10월
오세민

할머니 글쓰기를 응원하며

할머니가 취미로 글쓰기를 다니신다는 이야기를 처음 들었을 때 '80이 다 돼가는 할머니의 연세에도 불구하고, 무언가에 열정적이실 수 있구나!'라고 참 대단하게 느꼈었다. 그런 할머니가 처음 할머니께서 쓰신 시라면서 읽어주셨을 땐 잘 귀담아듣지 않았던 것이 사실이었다.

얼마 전 엄마를 통해 출판을 준비하시는 할머니께서 쓰신 시 모음집 파일을 건네받았었다. 처음 시를 읽는 순간 내가 모르는 할머니가 계셨다. 할머니의 유년 시절과 내가 태어나기 훨씬 전의 할머니. 내가 아는 할머니는 항상 맛있는 음식을 뚝딱해주시던 분이었는데 할머니의 시를 읽으면서 할머니도 실수하실 때가 있었고, 처음부터 잘하셨던 게 아니었다는 걸 알았다. 그런 할머니의 삶을 읽으면서 할머니도 나와 다르지 않은 삶을 살았었다는 것 또한 알았다.

우리 할머니는 항상 할머니 자신보다는 가족, 친구를 먼저 생각하시고 사랑하시는 그런 정이 많은 할머니다. 할머니의 그런 점이 이 시집에 고스란히 나타나 있어 시를 읽으면서 가슴이 먹먹하고 참 따뜻했다. 할머니가 쓰신 시에는 담담하면서도 가슴을 울리는 무언가의 힘이 있었다. 좋은 글이란 이런 것 같다. 뭔가 꾸며내지 않으면서도 마음을 움직이는 글. 할머니의 연륜이 글 속에 묻어나 있었다.

뒤늦게나마 할머니가 출판하신다는 소식을 들었을 때 할머니의 재능을 펼치시는 것 같아 옆에서 보는 손녀 딸내미는 자랑스럽다. 할머니를 보면서 정말 "나이는 숫자에 불과하다"는 말이 실감이 난다. 아무쪼록 할머니가 여기서 그치지 않고 앞으로도 더 무궁무진한 글을 많이 쓰시기를 손녀 딸내미가 옆에서 응원과 격려를 보낸다.

"할머니, 지금처럼 항상 건강하시고, 인생은 한 번뿐, 하고 싶으신 것 망설이지 마시고 하셨으면 좋겠어요. 사랑합니다!"

2022년 10월
오나래

김희례 시집

파카 만년필 51

초판 1쇄 발행 / 2022년 11월 28일

지은이 / 김희례
펴낸이 / 윤미경
펴낸곳 / 도서출판다인아트
    출판등록 1996년 3월 8일 제78호
    인천광역시 중구제물량로232번안길 13
    tel. 032+431+0268 / fax. 032+431+0269
    e-mail. dainartbook@naver.com

인   쇄 / 한컴인쇄
제   본 / 대한제책

ISBN 978-89-6750-130-3 (03810)

※ 잘못된 책은 바꾸어 드립니다.
※ 이 책의 일부 또는 전부를 재사용하려면 반드시 저작권자와 출판사 양측의 동의를 받아야 합니다.